școală - škola	2
călătorie - cesta	5
transport - doprava	8
oraș - mesto	10
peisaj - terén	14
restaurant - reštaurácia	17
supermarket - supermarket	20
băuturi - nápoje	22
mâncare - jedlo	23
gospodărie țărănească - farma	27
casă - dom	31
cameră de zi - obývačka	33
bucătărie - kuchyňa	35
baie - kúpeľňa	38
camera copiilor - detská izba	42
îmbrăcăminte - šatstvo	44
birou - kancelária	49
economie - hospodárstvo	51
ocupații - povolania	53
instrumente - náradie	56
instrumente muzicale - hudobné nástroje	57
grădină zoologică - ZOO	59
sport - šport	62
activități - aktivity	63
familie - rodina	67
corp - telo	68
spital - nemocnica	72
urgență - urgentný prípad	76
pământ - Zem	77
ceas - hodiny	79
săptămână - týždeň	80
an - rok	81
forme - tvary	83
culori - farby	84
antonime - protiklady	85
cifre - čísla	88
limbi - jazyky	90
cine/ce/cum - kto/čo/ako	91
unde - kde	92

AF188346

Impressum
Verlag: BABADADA GmbH, Nedderfeld 112 , 22529 Hamburg
Geschäftsführer / Verlagsleitung: Harald Hof
Druck: Books on Demand GmbH, In de Tarpen 42, 22848 Norderstedt

Imprint
Publisher: BABADADA GmbH, Nedderfeld 112 , 22529 Hamburg, Germany
Managing Director / Publishing direction: Harald Hof
Print: Books on Demand GmbH, In de Tarpen 42, 22848 Norderstedt, Germany

școală
škola

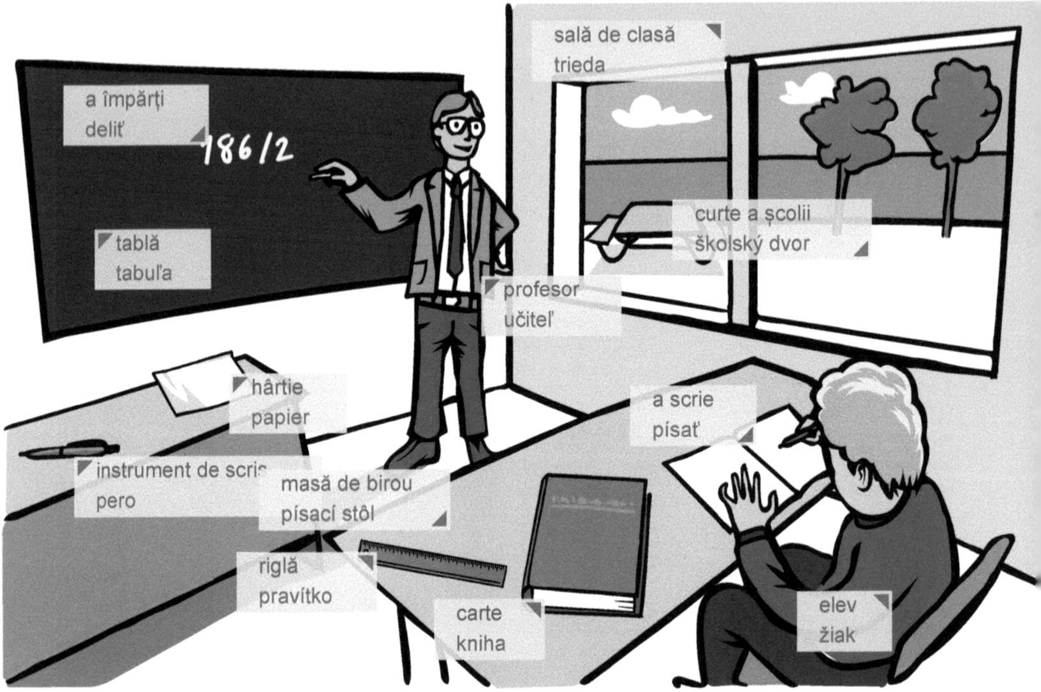
sală de clasă
trieda
a împărți
delit'
186/2
tablă
tabuľa
curte a școlii
školský dvor
profesor
učiteľ
hârtie
papier
a scrie
písať
instrument de scri
pero
masă de birou
písací stôl
riglă
pravítko
carte
kniha
elev
žiak

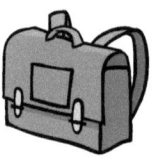

ghiozdan

školská taška

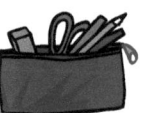

penar

peračník

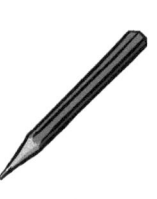

creion

ceruza

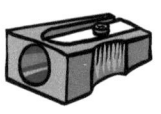

ascuțitoare

strúhadlo na ceruzky

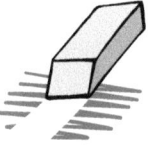

radieră

guma

bloc de desen

skicár

desen

kresba

pensulă

štetec

cutie de acuarele

vodové farby

foarfece

nožnice

lipici

lepidlo

caiet de exerciții

cvičný zošit

temă

domáca úloha

număr

číslo

2+2

a aduna

sčítať

5-2

a scădea

odčítať

a multiplica

násobiť

a calcula

počítať

A

literă

písmeno

ABCDEFG
HIJKLMN
OPQRSTU
VWXYZ

alfabet

abeceda

cuvânt

slovo

text
text

a citi
čítať

cretă
krieda

oră
hodina

catalog
triedna kniha

examen
skúška

certificat
certifikát

uniformă școlară
školská uniforma

educație
vzdelanie

enciclopedie
encyklopédia

universitate
univerzita

microscop
mikroskop

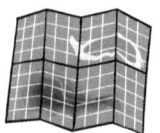

hartă
mapa

coș de gunoi
kôš na papier

călătorie
cesta

hotel
hotel
Grand
hostel
nocľaháreň
ROOMS
EXCHANGE
casă de schimb valutar
zmenáreň
valiză
kufor
autovehicul
auto

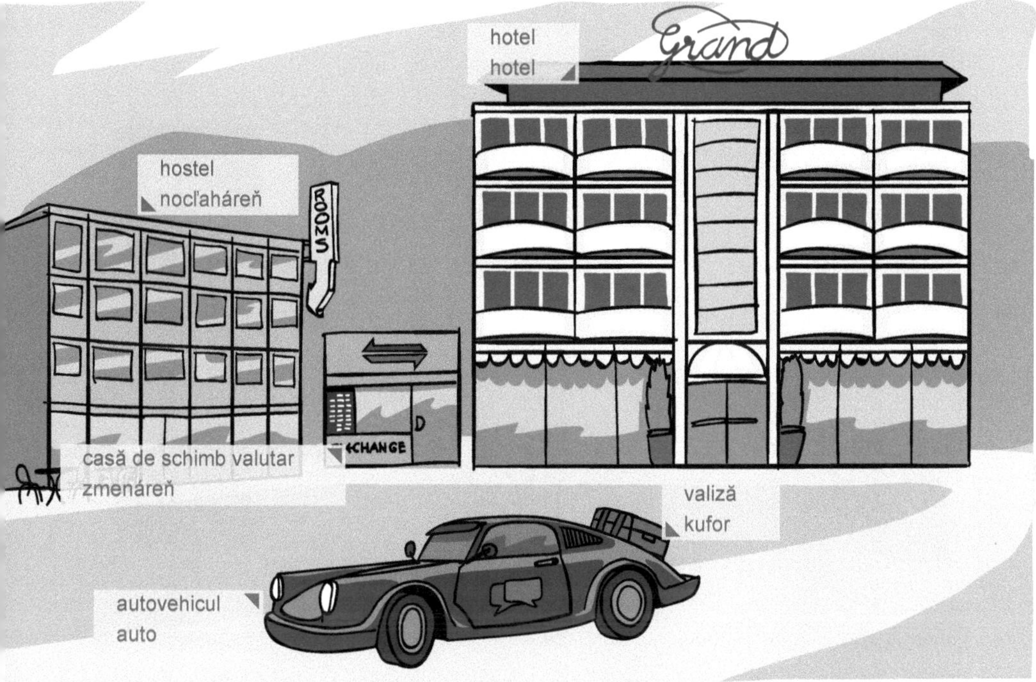

limbă

jazyk

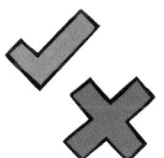

da/nu

áno/nie

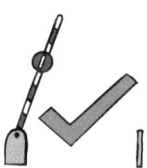

okay

v poriadku

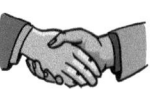

Bună!

ahoj

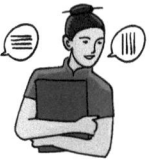

interpret

prekladateľ

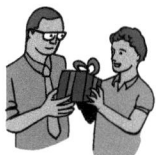

mulțumesc

ďakujem

Cât costă...?

Koľko stojí ... ?

Nu înțeleg

Nerozumiem

problemă

problém

Bună seara!

Dobrý večer!

Bună dimineața!

Dobré ráno!

Noapte bună!

Dobrú noc!

la revedere

Dovidenia

direcție

smer

bagaj

batožina

geantă

taška

rucsac

batoh

oaspete

hosť

cameră

izba

sac de dormit

spacák

cort

stan

punct de informare turistică

informácie pre turistov

plajă

pláž

carte de credit

kreditná karta

mic dejun

raňajky

masa de prânz

obed

cină

večera

bilet de călătorie

cestovný lístok

lift

výťah

timbru poștal

poštová známka

graniță

hranica

vamă

clo

ambasadă

veľvyslanectvo

viză

vízum

pașaport

cestovný pas

transport
doprava

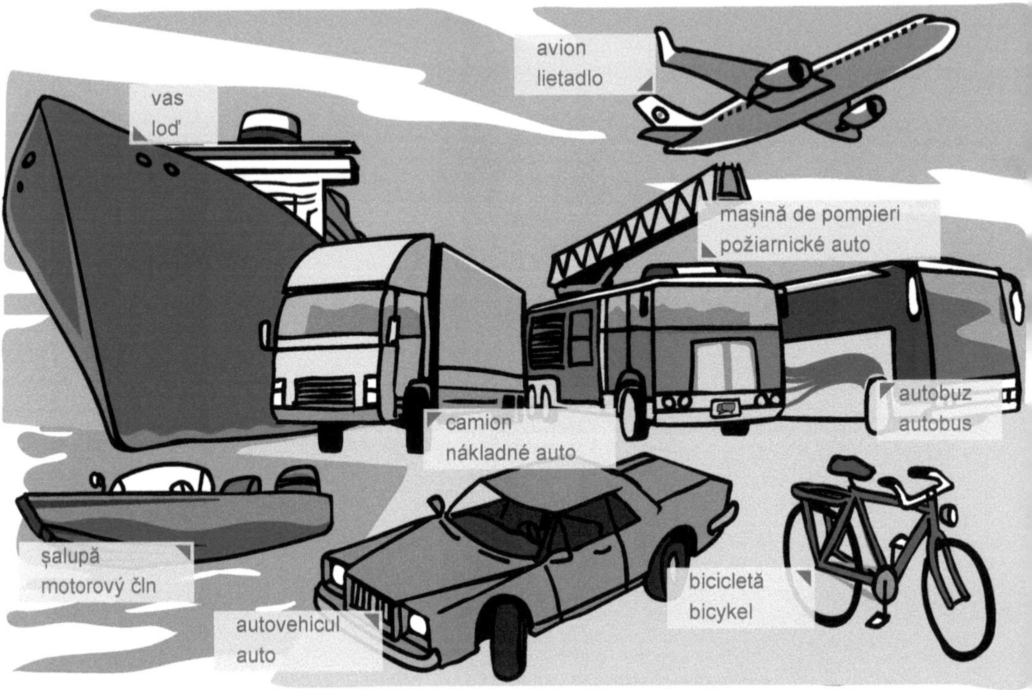

avion
lietadlo
vas
loď
mașină de pompieri
požiarnické auto
autobuz
autobus
camion
nákladné auto
șalupă
motorový čln
bicicletă
bicykel
autovehicul
auto

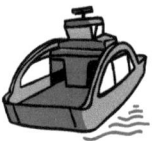

feribot
trajekt

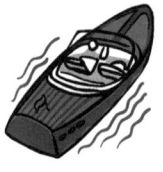

barcă
loď

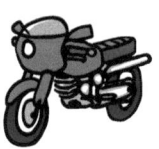

motocicletă
motorka

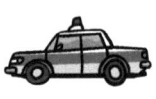

mașină de poliție
policajné auto

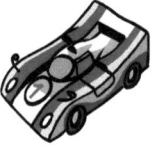

mașină de curse
pretekárske auto

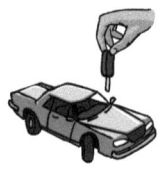

mașină închiriată
vozidlo z požičovne

car sharing

carsharing

mașină de tractat

odťahové auto

mașină de gunoi

smetiarske auto

motor

motor

combustibil

benzín

benzinărie

čerpacia stanica

semn de circulație

dopravná značka

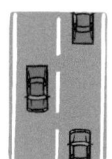

trafic

premávka

ambuteiaj

zápcha

parcare

parkovisko

gară

vlaková stanica

șine

trate

tren

vlak

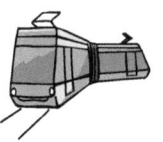

tramvai

električka

vagon

vagón

elicopter

helikoptéra

aeroport

letisko

turn

veža

pasager

pasažier

container

kontajner

carton

kartón

căruță

vozík

coș

kôš

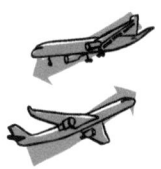

a decola/a ateriza

štartovať / pristáť

oraș

mesto

sat

dedina

centru

centrum mesta

casă

dom

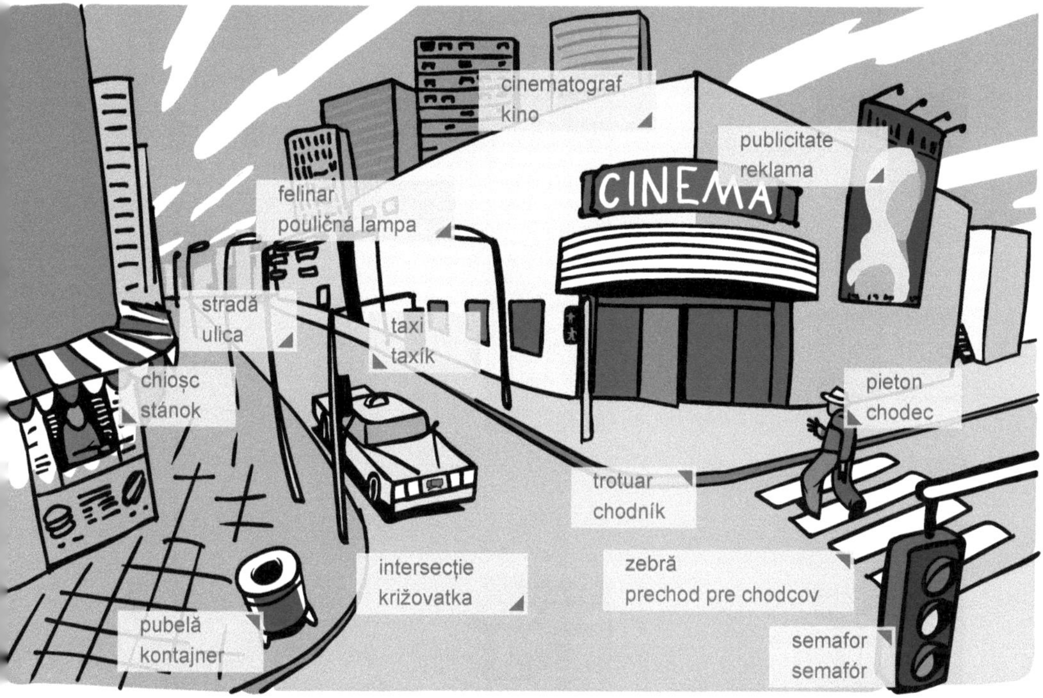

cinematograf
kino

publicitate
reklama

felinar
pouličná lampa

CINEMA

stradă
ulica

taxi
taxík

chioşc
stánok

pieton
chodec

trotuar
chodník

intersecţie
križovatka

zebră
prechod pre chodcov

pubelă
kontajner

semafor
semafór

cabană
chata

apartament
byt

gară
vlaková stanica

primărie
radnica

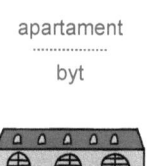

muzeu
múzeum

şcoală
škola

universitate

univerzita

bancă

banka

spital

nemocnica

hotel

hotel

farmacie

lekáreň

birou

kancelária

librărie

kníhkupectvo

magazin

obchod

florărie

kvetinárstvo

supermarket

supermarket

piaţă

trh

magazin universal

obchodný dom

comerciant de peşte

obchodník s rybami

centru comercial

nákupné stredisko

port

prístav

parc
park

bancă
lavička

pod
most

trepte
schody

metrou
metro

tunel
tunel

staţie de autobuz
autobusová zastávka

bar
bar

restaurant
reštaurácia

cutie poştală
poštová schránka

tăbliţă indicatoare cu
numele străzii
tabuľa s názvom ulice

parcometru
parkovacie hodiny

grădină zoologică
ZOO

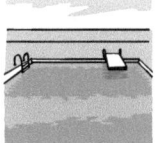

piscină
plaváreň

moschee
mešita

gospodărie țărănească
farma

poluare
znečisťovanie životného prostredia

cimitir
cintorín

biserică
kostol

loc de joacă
ihrisko

templu
chrám

peisaj
terén

frunză
list

indicator
smerová tabuľa

drum
cesta

pajiște
lúka

piatră
kameň

copac
strom

drumeț
turista

râu
rieka

iarbă
tráva

floare
kvet

vale
dolina

deal
kopec

lac
jazero

pădure
les

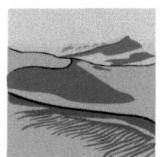

deșert
púšť

vulcan
vulkán

castel
zámok

curcubeu
dúha

ciupercă
hríb

palmier
palma

țânțar
komár

muscă
mucha

furnică
mravec

albină
včela

păianjen
pavúk

gândac
chrobák

broască
žaba

veveriţă
veverička

arici
jež

iepure
zajac

bufniţă
sova

pasăre
vták

lebădă
labuť

porc mistreţ
diviak

cerb
jeleň

elan
los

dig
hrádza

turbină eoliană
veterná turbína

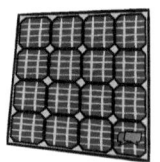

panou solar
solárny panel

climă
podnebie

restaurant
reštaurácia

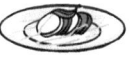

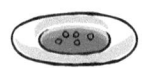

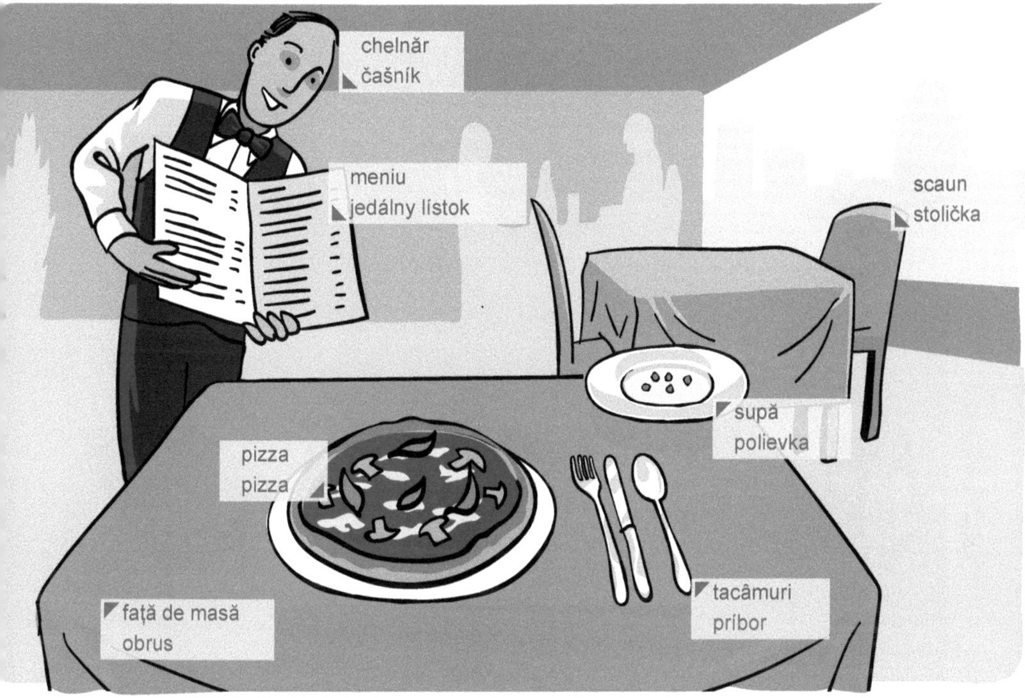
chelnăr
čašník
meniu
jedálny lístok
scaun
stolička
supă
polievka
pizza
pizza
fată de masă
obrus
tacâmuri
príbor

antreu
predjedlo

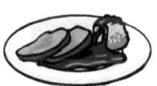

fel principal
hlavné jedlo

desert
zákusok

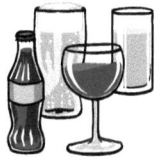

băuturi
nápoje

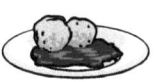

mâncare
jedlo

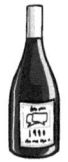

sticlă
fľaša

fastfood
fast-food

streetfood
street food

ceainic
kanvica na čaj

zaharniță
cukornička

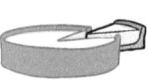

porție
porcia

espressor
stroj na espresso

scaun înalt (pentru copii)
detská stolička

factură
účet

tavă
podnos

cuțit
nôž

furculiță
vidlička

lingură
lyžica

linguriță
čajová lyžička

șervețel
obrúsok

pahar
pohár

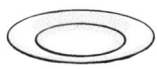

farfurie

tanier

farfurie de supă

hlboký tanier

farfurie

podšálka

sos

omáčka

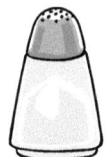

solniță

soľnička

râșniță de piper

mlynček na korenie

oțet

ocot

ulei

olej

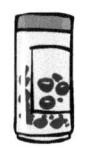

condimente

korenie

ketchup

kečup

muștar

horčica

maioneză

majonéza

supermarket
supermarket

ofertă
špeciálna ponuka
FOR
client
klient
produse lactate
mliečne výrobky
fructe
ovocie
cărucior de cumpărături
nákupný vozík

BUTCHERS

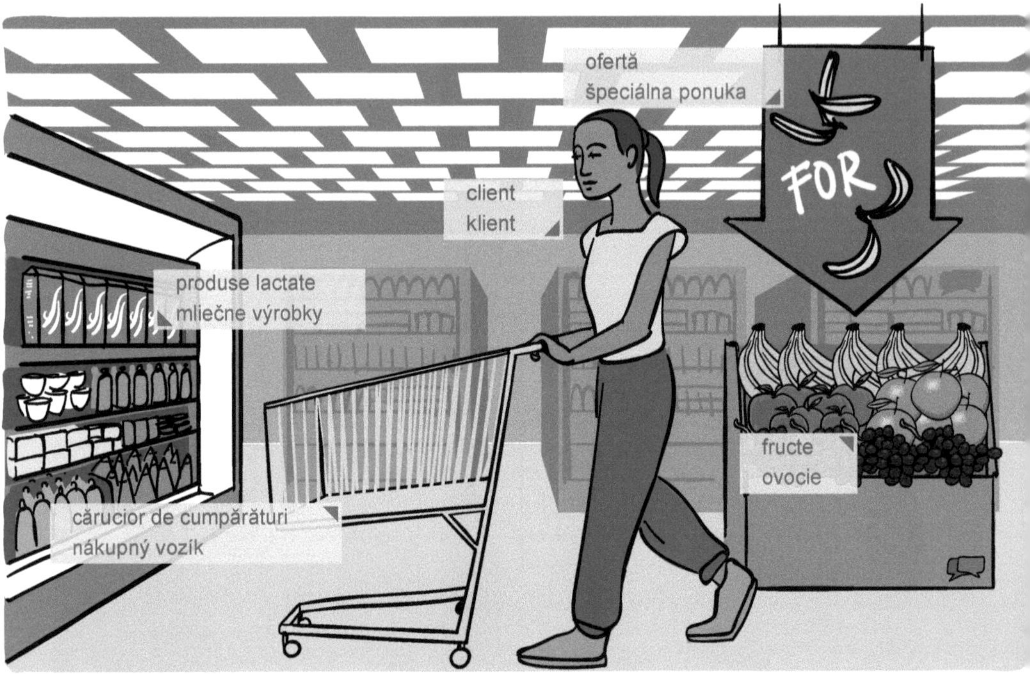

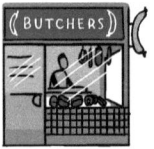

măcelărie

mäsiarstvo

BAKERY

brutărie

pekáreň

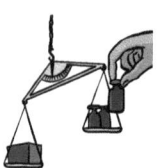

a cântări

vážiť

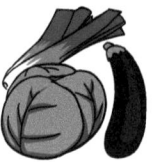

legume

zelenina

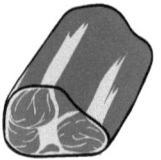

carne

mäso

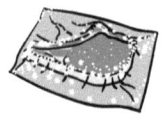

alimente refrigerate

mrazené potraviny

mezeluri și brânzeturi feliate

nárez

conserve

konzervy

detergent

prací prostriedok

dulciuri

sladkosti

articole de menaj

domáce potreby

produse de curățenie

čistiace prostriedky

vânzătoare

predavačka

casă

pokladňa

casier

pokladník

listă de cumpărături

nákupný zoznam

orar

otváracie hodiny

portmoneu

peňaženka

carte de credit

kreditná karta

geantă

taška

pungă de plastic

plastové vrecko

apă

voda

suc

džús

lapte

mlieko

cola

kola

vin

víno

bere

pivo

alcool

alkohol

cacao

kakao

ceai

čaj

cafea

káva

espresso

espresso

cappucino

kapučíno

banane

banán

măr

jablko

portocală

pomaranč

pepene

melón

lămâie

citrón

morcov

mrkva

usturoi

cesnak

bambus

bambus

ceapă

cibuľa

ciupercă

hríb

nuci

orechy

paste făinoase

rezance

spagheti

špagety

orez

ryža

salată

šalát

cartofi prăjiți

hranolky

cartofi țărănești

pečené zemiaky

pizza

pizza

hamburger

hamburger

sandwich

obložený chlebík

șnițel

rezeň

șuncă

šunka

salam

saláma

cârnați

klobása

pui

kurča

friptură

pečené mäso

pește

ryba

fulgi de ovăz

ovsené vločky

musli

müsli

cereale

kukuričné lupienky

făină

múka

corn

croissant

chifle

pečivo

pâine

chlieb

pâine prăjită

hrianka

biscuiți

sušienky

unt

maslo

brânză de vaci

tvaroh

prăjitură

koláč

ou

vajce

ouă ochiuri

volské oko

brânză

syr

înghețată
zmrzlina

zahăr
cukor

miere
med

marmeladă
lekvár

cremă nuga
nugátová nátierka

curry
karí korenie

gospodărie țărănească
farma

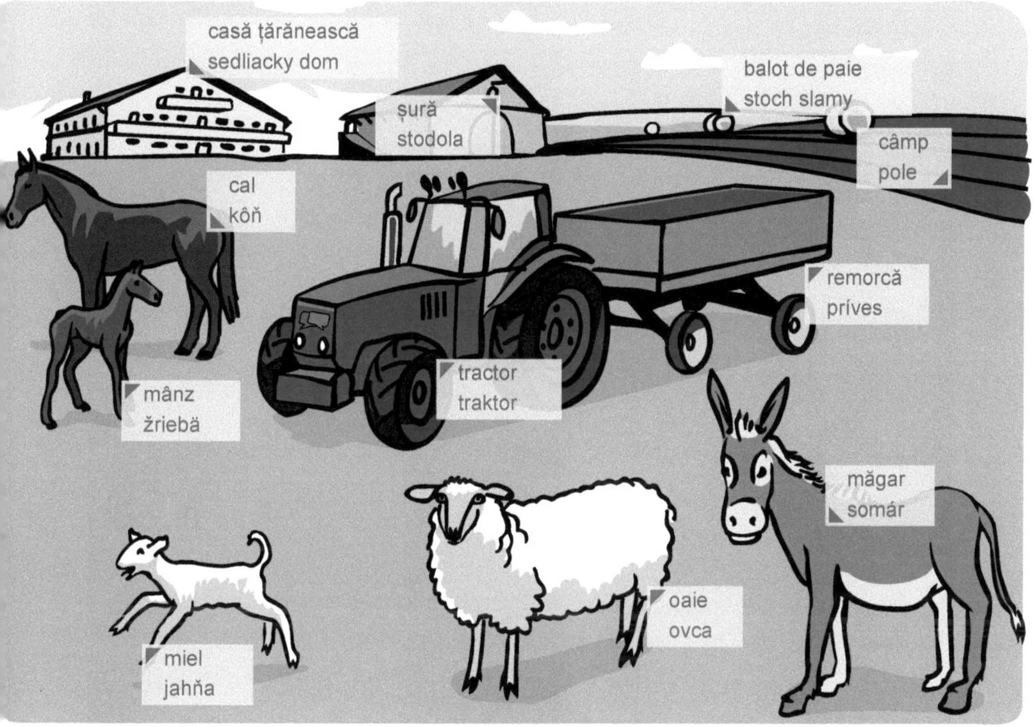

casă țărănească
sedliacky dom
șură
stodola
balot de paie
stoch slamy
câmp
pole
cal
kôň
remorcă
príves
tractor
traktor
mânz
žriebä
măgar
somár
oaie
ovca
miel
jahňa

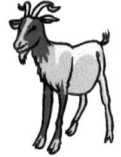

capră

koza

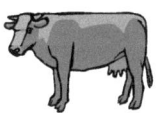

vacă

krava

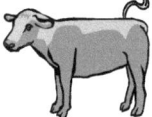

vițel

teľa

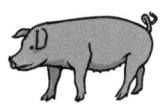

porc

prasa

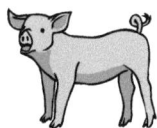

purcel

prasiatko

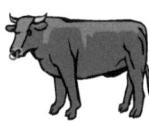

taur

býk

găină
hus

rață
kačica

pui
kuriatko

găină
sliepka

cocoș
kohút

șobolan
potkan

pisică
mačka

șoarece
myš

bou
vôl

câine
pes

cușcă
psia búda

furtun de grădină
záhradná hadica

stropitoare
krhla

coasă
kosa

plug
pluh

seceră
kosák

sapă
motyka

furcă
vidly na hnoj

secure
sekera

roabă
fúrik

troacă
koryto

cană pentru lapte
kanva na mlieko

sac
vrece

gard
plot

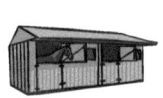

grajd
maštaľ

seră
skleník

sol
pôda

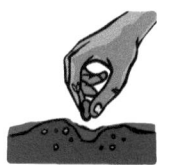

sămânță
osivo

fertilizator
hnojivo

combină de treierat
kombajn

a culege

žať

recoltă

žatva

cartof yam

batát

grâu

pšenica

soia

sója

cartof

zemiak

porumb

kukurica

rapiță

repka

pom fructifer

ovocný strom

manioc

maniok

cereale

obilie

casă
dom

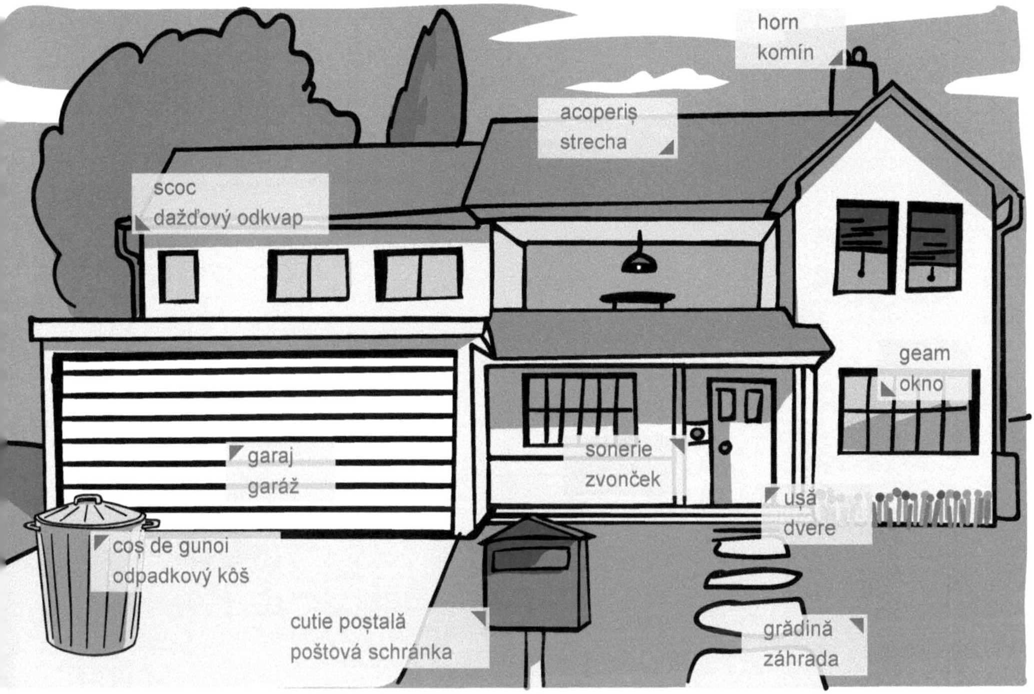
horn
komín
acoperiș
strecha
scoc
dažďový odkvap
geam
okno
garaj
garáž
sonerie
zvonček
ușă
dvere
coș de gunoi
odpadkový kôš
cutie poștală
poštová schránka
grădină
záhrada

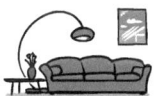

cameră de zi
obývačka

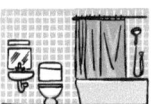

baie
kúpeľňa

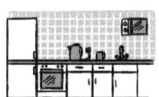

bucătărie
kuchyňa

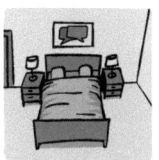

dormitor
spálňa

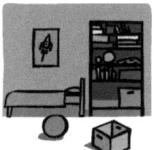

camera copiilor
detská izba

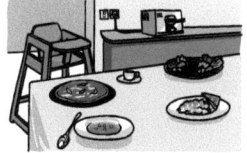

sufragerie
jedáleň

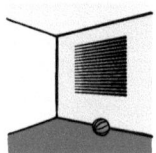

podea
....
podlaha

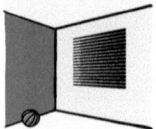

perete
....
stena

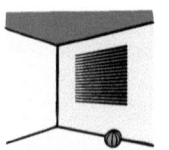

tavan
....
strop

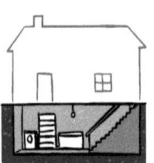

pivniță
....
pivnica

saună
....
sauna

balcon
....
balkón

terasă
....
terasa

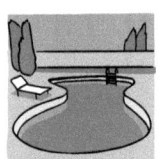

piscină
....
bazén

mașină de tuns iarba
....
kosačka

cearșaf
....
obliečka

cuvertură
....
posteľná prikrývka

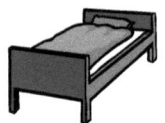

pat
....
posteľ

mătură
....
metla

găleată
....
vedro

întrerupător
....
vypínač

camеră de zi
obývačka

tapet
tapeta
pictură
obraz
lampă
lampa
raft
regál
dulap
skriňa
televizor
televízor
șemineu
kozub
floare
kvet
pernă
vankúš
sofa
pohovka
vază
váza
telecomandă
diaľkové ovládanie

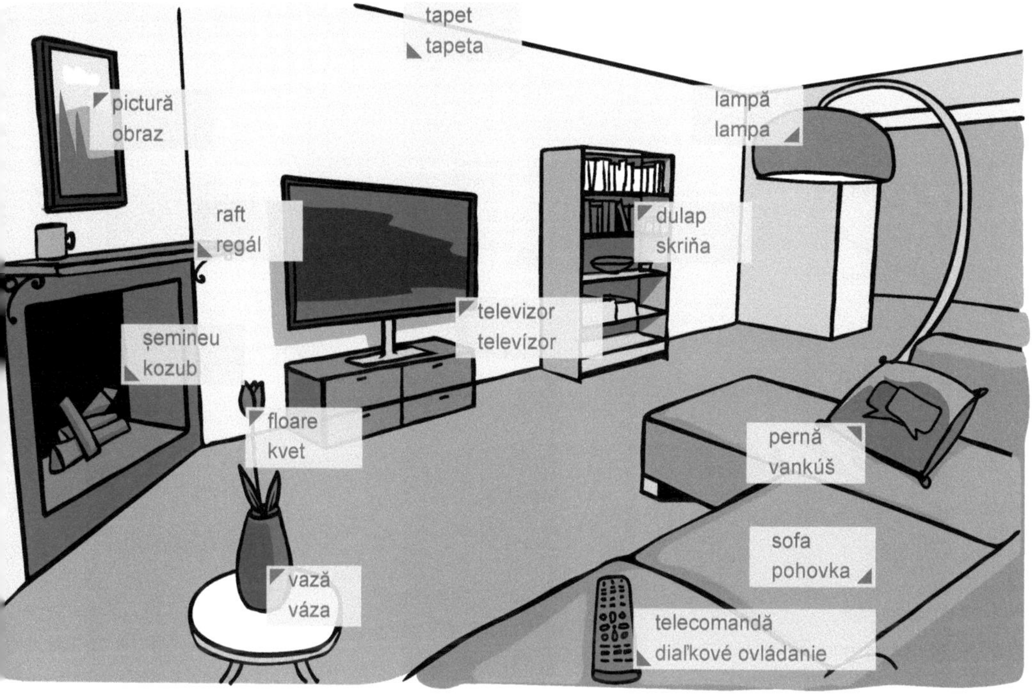

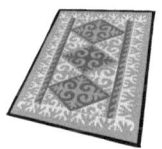

covor
koberec

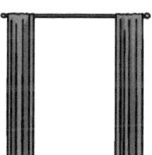

perdea
záclona

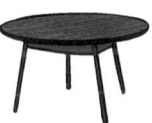

masă
stôl

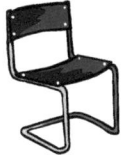

scaun
stolička

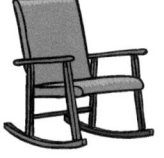

balansoar
hojdacie kreslo

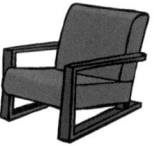

fotoliu
kreslo

carte

kniha

pătură

prikrývka

decoraţiune

dekorácia

lemn de foc

drevo na kúrenie

film

film

instalaţie stereo

hi-fi veža

cheie

kľúč

ziar

noviny

desen

maľba

poster

plagát

radio

rádio

caiet de notiţe

zápisník

aspirator

vysávač

cactus

kaktus

lumânare

sviečka

bucătărie
kuchyňa

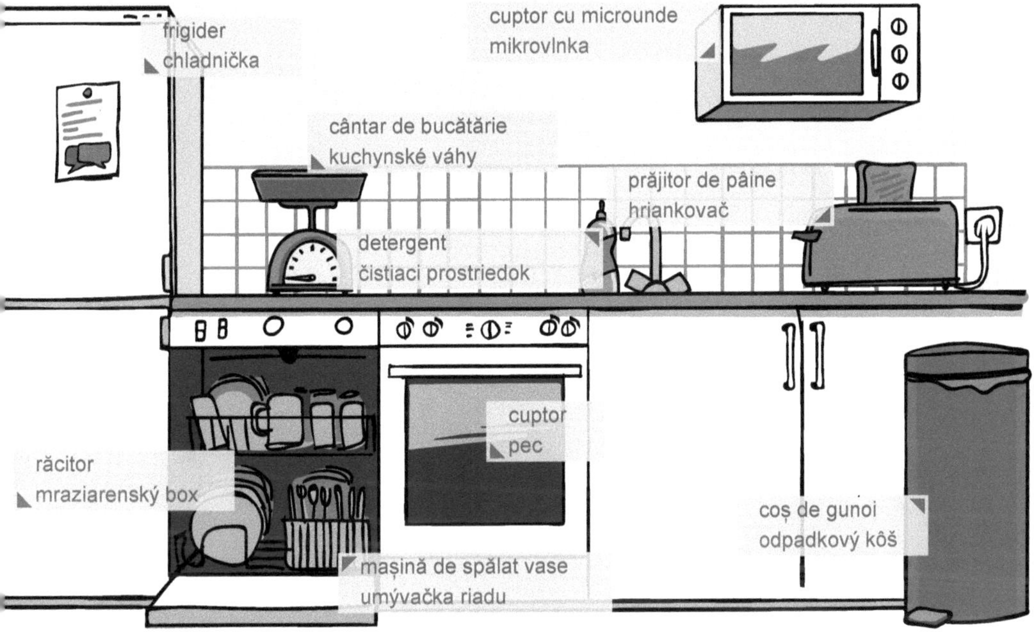

frigider
chladnička
cuptor cu microunde
mikrovlnka
cântar de bucătărie
kuchynské váhy
prăjitor de pâine
hriankovač
detergent
čistiaci prostriedok
cuptor
pec
răcitor
mraziarenský box
coș de gunoi
odpadkový kôš
mașină de spălat vase
umývačka riadu

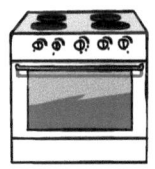

cuptor
sporák

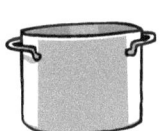

oală
hrniec

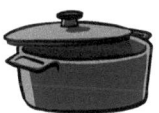

oală de metal
železný hrniec

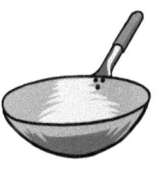

wok/kadai
wok / kadai

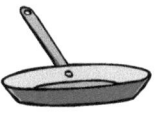

tigaie
panvica

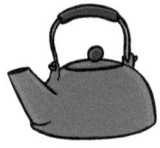

ceainic
rýchlovarná kanvica

oală de gătit cu aburi

parný hrniec

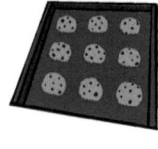

tavă de copt

plech na pečenie

veselă

riad

pahar

pohár

bol

misa

bețișoare

paličky

polonic

naberačka na polievku

spatulă

stierka

tel

metlička

sită

cedidlo

sită

sitko

răzătoare

strúhadlo

mojar

mažiar

grătar

gril

loc pentru grătar

ohnisko

tocător

doska na krájanie

sucitor

valček na cesto

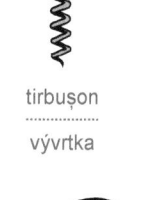

tirbuşon

vývrtka

conservă

konzerva

deschizător de conserve

otvárač na konzervy

servete termice

chňapka

chiuvetă

výlevka

perie

kefa

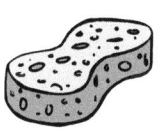

burete

hubka

mixer

mixér

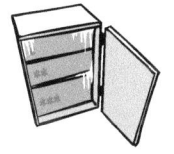

ladă frigorifică

mraznička

biberon

kojenecká fľaša

robinet

vodovodný kohútik

baie
kúpeľňa

încălzire
kúrenie
prosop
uterák
duș
sprcha
perdea de duș
sprchový záves
baie cu spumă
pena do kúpeľa
cadă
vaňa
pahar
pohár
mașină de spălat
práčka
robinet
vodovodný kohútik
gresie
dlaždice
oală de noapte
nočník
chiuvetă
výlevka

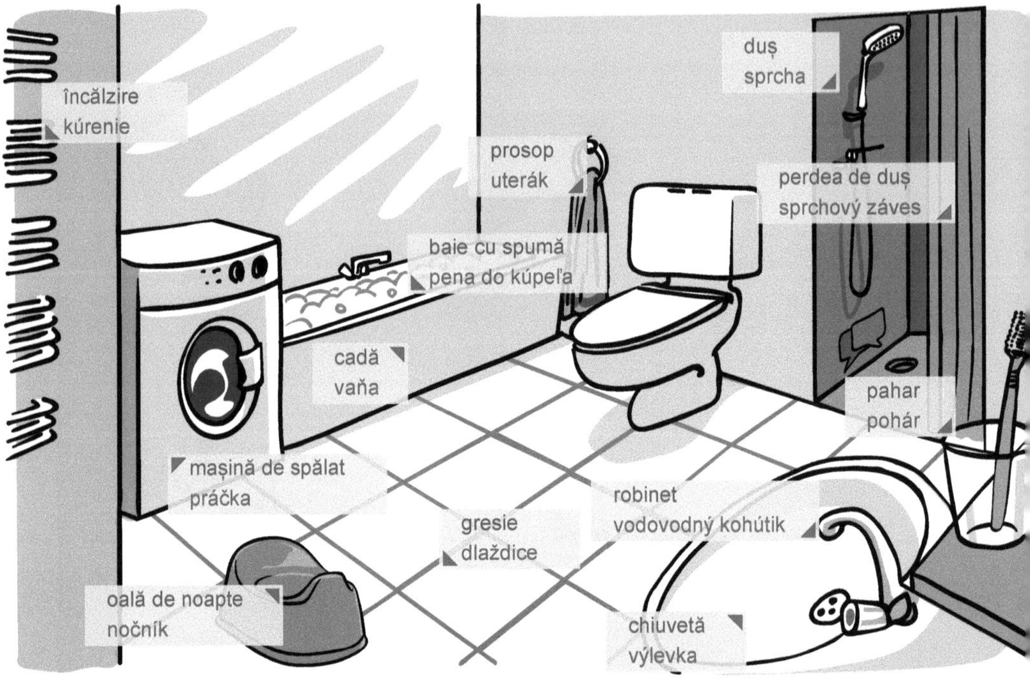

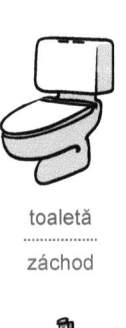

toaletă
záchod

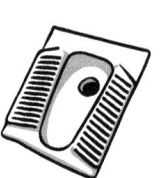

toaletă turcescă
suchý záchod

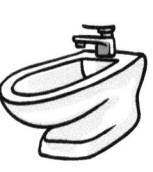

bideu
bidet

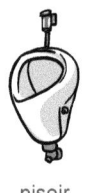

pisoir
pisoár

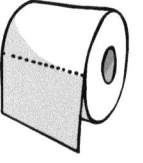

hârtie igienică
toaletný papier

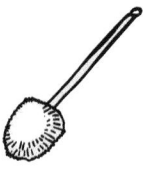

perie de toaletă
záchodová kefa

periuță de dinți
zubná kefka

pastă de dinți
zubná pasta

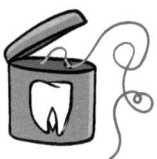

ață dentară
dentálna niť

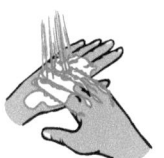

a spăla
umývať

cap de duș
ručná sprcha

duș intim
sprcha pre intímnu hygienu

lavoar
umývadlo

perie pentru spate
kefa na chrbát

săpun
mydlo

gel de duș
sprchový gél

șampon
šampón

cârpă de spălat
frotírová rukavica

scurgere
odtok

cremă
krém

deodorant
dezodorant

oglindă

zrkadlo

oglindă cosmetică

kozmetické zrkadlo

aparat de ras

žiletka

spumă de ras

pena na holenie

aftershave

voda po holení

pieptene

hrebeň

perie

kefa

uscător de păr

sušič vlasov

fixator

sprej na vlasy

machiaj

make-up

ruj

rúž

lac de unghii

lak na nechty

vată

vata

foarfece de unghii

nožnice na nechty

parfum

parfum

neseser
....
kozmetická taška

taburet
....
stolček

cântar
....
váha

halat de baie
....
kúpací plášť

mănuşi de cauciuc
....
gumové rukavice

tampon
....
tampón

tampon
....
menštruačná vložka

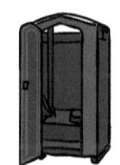

toaletă chimică
....
chemické WC

camera copiilor
detská izba

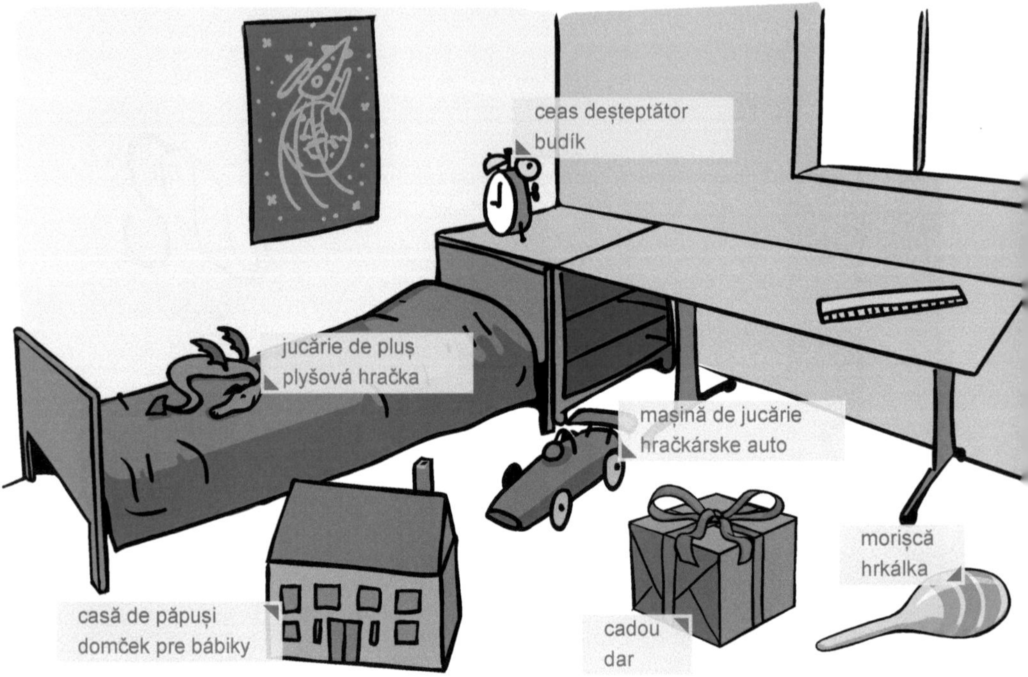
ceas deșteptător
budík
jucărie de pluș
plyšová hračka
mașină de jucărie
hračkárske auto
morișcă
hrkálka
casă de păpuși
domček pre bábiky
cadou
dar

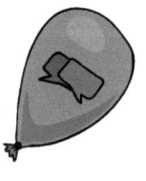

balon

balón

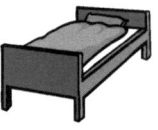

pat

posteľ

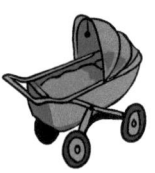

cărucior de copii

detský kočík

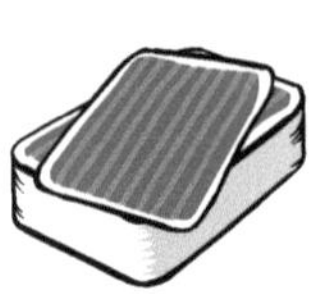

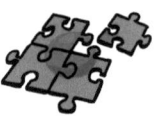

joc de cărți

karty

puzzle

puzzle

SUPER
MEGA

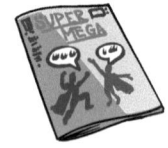

revistă de benzi desenate

komix

cuburi lego

skladačka lego

piese pentru construcţii

stavebnica

personaj din filmele de acţiune

akčná postavička

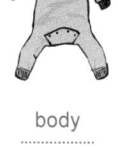

body

dupačky

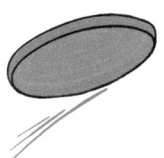

frisbee

lietajúci tanier

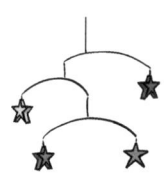

mobil

závesné hračky

joc de societate

stolová hra

zar

kocka

set trenuleţ de jucărie

modelový vláčik

suzetă

cumlík

petrecere

párty

carte cu poze

obrázková kniha

minge

lopta

păpuşă

bábika

a se juca

hrať sa

groapă de nisip

pieskovisko

leagăn

hojdačka

jucării

hračky

consolă video

hracia konzola

tricicletă

trojkolka

ursuleț

medvedík

dulap

šatník

îmbrăcăminte

šatstvo

șosete

ponožky

ciorapi

pančuchy

dres

pančuchové nohavičky

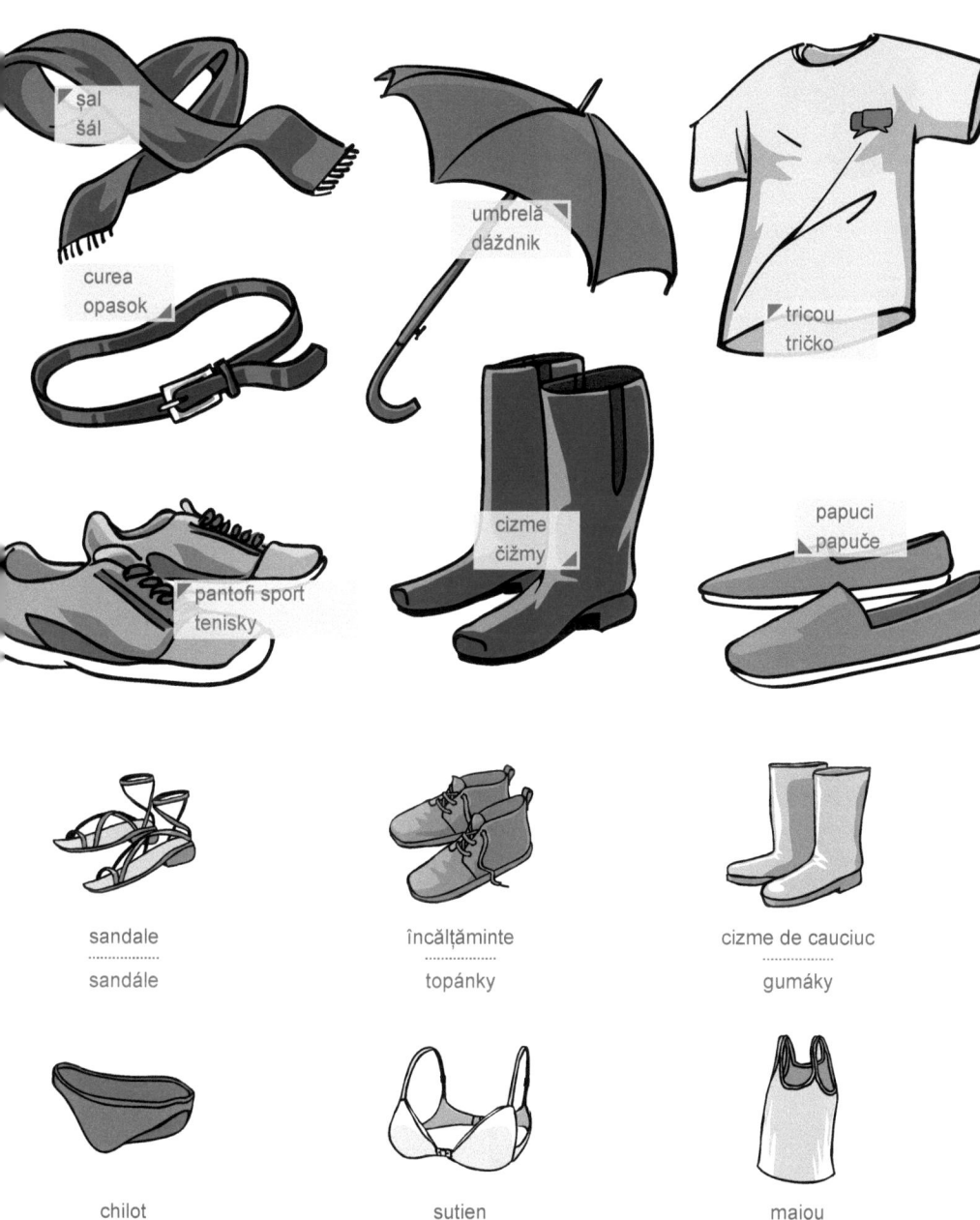

șal
šál

curea
opasok

umbrelă
dáždnik

tricou
tričko

pantofi sport
tenisky

cizme
čižmy

papuci
papuče

sandale	încălțăminte	cizme de cauciuc
sandále	topánky	gumáky
chilot	sutien	maiou
spodky	podprsenka	tielko

body
body

pantaloni
nohavice

blugi
džínsy

fustă
sukňa

bluză
blúzka

cămaşă
košeľa

pulover
pulóver

jerseu
sveter

sacou
blejzer

jachetă
bunda

palton
kabát

pelerină de ploaie
pršiplášť

costum
kostým

rochie
šaty

rochie de mireasă
svadobné šaty

costum

oblek

cămașă de noapte

nočná košeľa

pijama

pyžamo

sari

sari

batic

šatka na hlavu

turban

turban

burka

burka

caftan

kaftan

abaya

abaja

costum de baie

dvojdielne plavky

șort

plavky

pantaloni scurți

šortky

trening

tepláková súprava

șorț

zástera

mănuși

rukavice

nasture

gombík

ochelari

okuliare

brăţară

náramok

lanţ

retiazka

inel

prsteň

cercel

náušnica

căciulă

čiapka

umeraş

vešiak

pălărie

klobúk

cravată

kravata

fermoar

zips

cască

prilba

bretele

traky

uniformă şcolară

školská uniforma

uniformă

uniforma

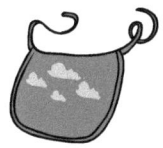

baveţică

podbradník

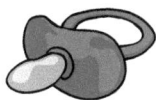

suzetă

cumlík

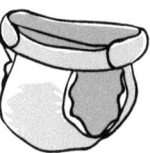

scutec

plienka

birou
kancelária

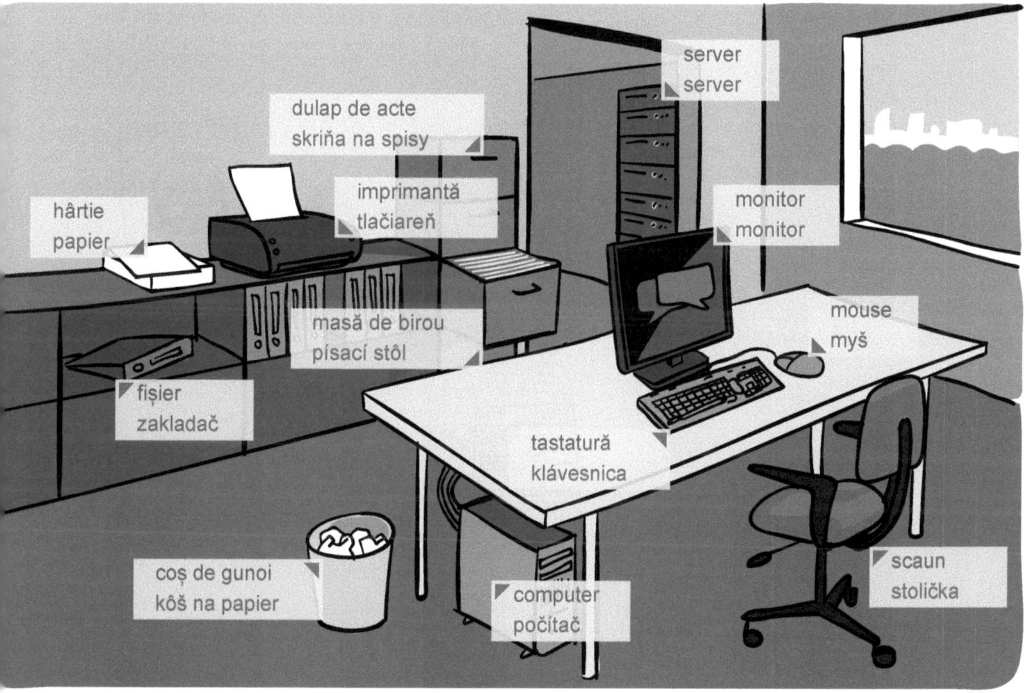

server
server
dulap de acte
skriňa na spisy
imprimantă
tlačiareň
hârtie
papier
monitor
monitor
mouse
myš
masă de birou
písací stôl
fişier
zakladač
tastatură
klávesnica
coş de gunoi
kôš na papier
computer
počítač
scaun
stolička

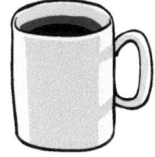

ceaşcă de cafea

hrnček na kávu

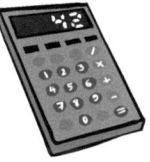

calculator

kalkulačka

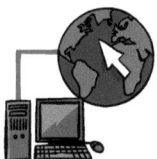

internet

internet

laptop
laptop

scrisoare
list

mesaj
správa

telefon mobil
mobil

rețea
sieť

copiator
kopírka

software
softvér

telefon
telefón

priză
elektrická zásuvka

fax
fax

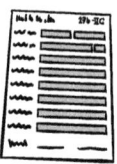

formular
formulár

document
doklad

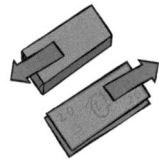

a cumpăra

kúpiť

a plăti

platiť

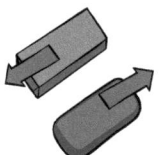

a face comerţ

obchodovať

bani

peniaze

USD

Dolar

dolár

EUR

Euro

euro

JPY

Yen

jen

RUB

Rublă

rubeľ

CHF

Franc Elveţian

švajčiarsky frank

CNY

renminbi yuan

čínsky jüan

INR

Rupie

rupia

bancomat

bankomat

casă de schimb valutar

zmenáreň

aur

zlato

argint

striebro

petrol

ropa

energie

energia

preț

cena

contract

zmluva

impozit

daň

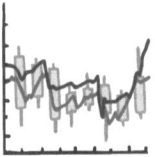

acțiune

akcia

a munci

pracovať

angajat

zamestnanec

angajator

zamestnávateľ

fabrică

továreň

magazin

obchod

ocupații
povolania

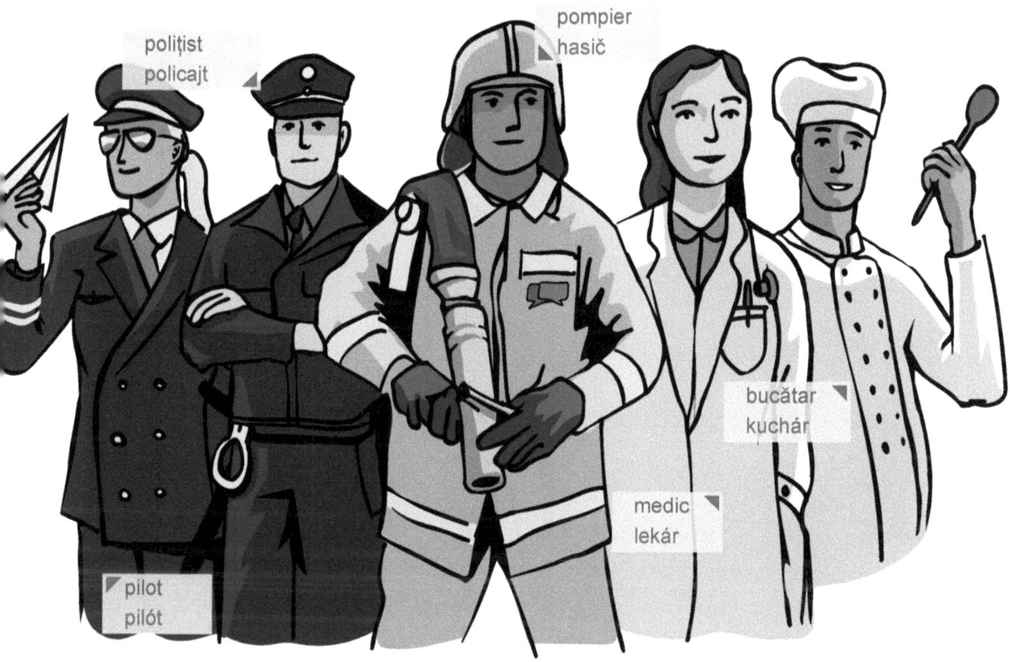
polițist
policajt
pompier
hasič
bucătar
kuchár
medic
lekár
pilot
pilót

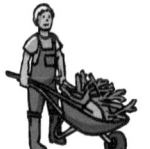

grădinar

záhradník

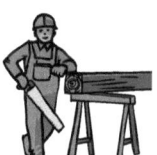

tâmplar

stolár

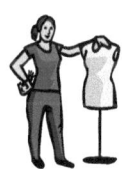

cusătoreasă

krajčírka

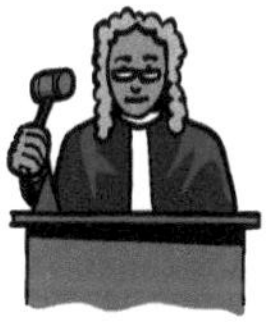

judecător

sudca

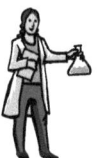

chimist

chemik

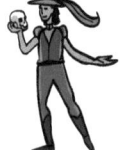

actor

herec

șofer de autobuz

vodič autobusu

șofer de taxi

taxikár

pescar

rybár

femeie de serviciu

upratovačka

tinichigiu

pokrývač

chelnăr

čašník

vânător

poľovník

pictor

maliar

brutar

pekár

electrician

elektrikár

muncitor în construcții

stavebný robotník

inginer

inžinier

măcelar

mäsiar

instalator

klampiar

poștaș

poštár

soldat
vojak

arhitect
architekt

casier
pokladník

florar
kvetinár

frizer
kaderník

controlor
sprievodca

mecanic
mechanik

căpitan
kapitán

stomatolog
zubár

om de ştiinţă
vedec

rabin
rabín

imam
imám

călugăr
mních

preot
farár

instrumente
náradie

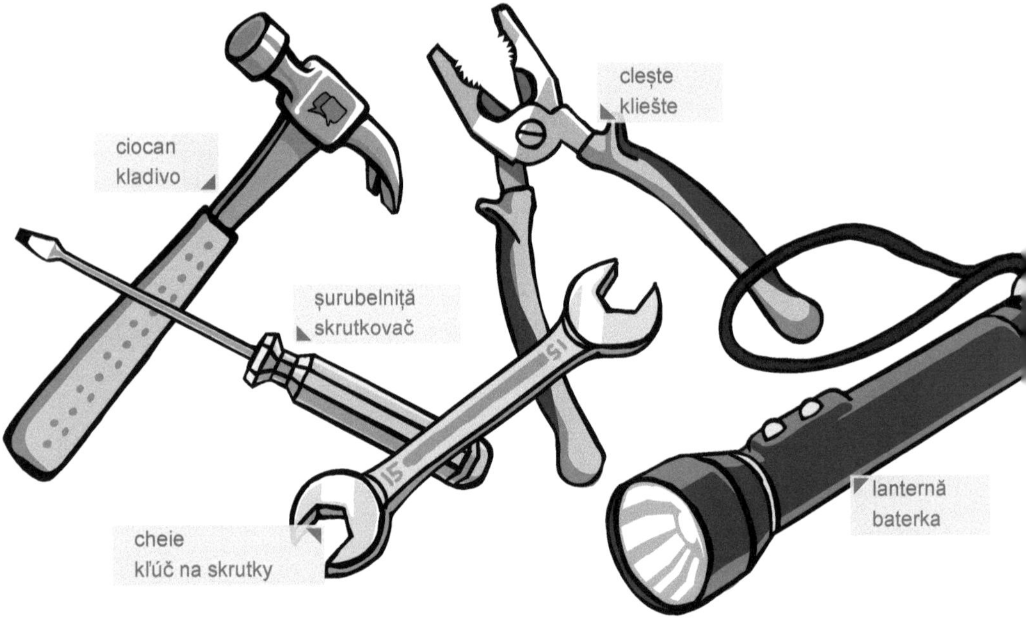
ciocan
kladivo
clește
kliešte
șurubelniță
skrutkovač
cheie
kľúč na skrutky
lanternă
baterka

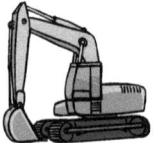

excavator
bager

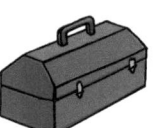

cutie de scule
súprava náradia

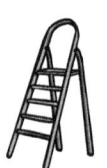

scară
rebrík

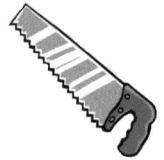

ferăstrău
pílka

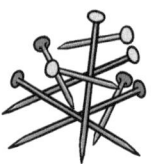

cuie
klince

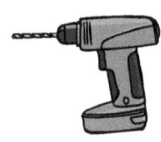

burghiu
vrták

a repara
opraviť

lopată
lopata

La naiba!
Do čerta!

făraș
lopatka na smeti

vas pentru vopsea
nádoba s farbou

șuruburi
skrutky

instrumente muzicale
hudobné nástroje

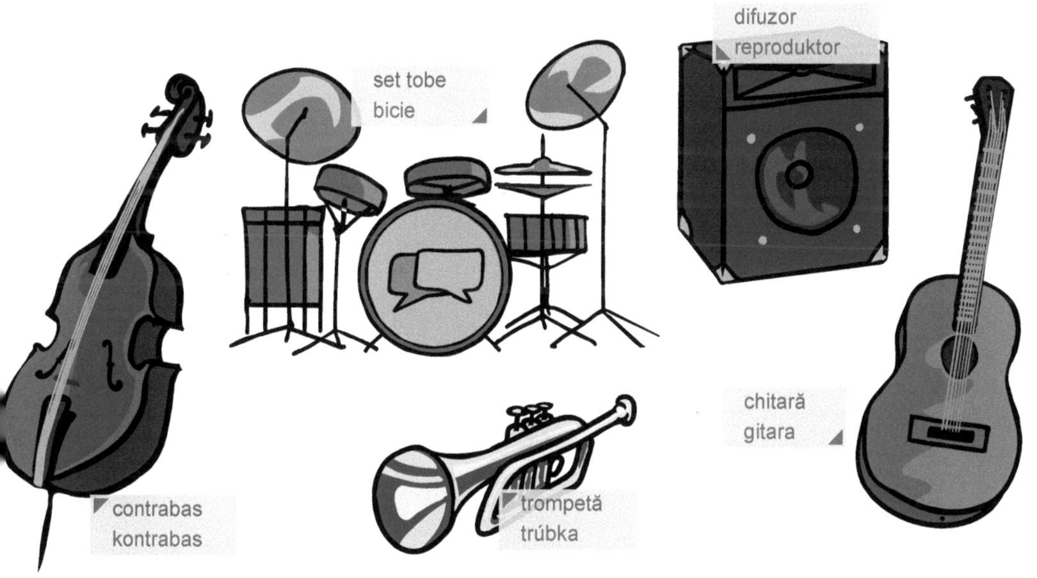

difuzor
reproduktor

set tobe
bicie

chitară
gitara

contrabas
kontrabas

trompetă
trúbka

pian

klavír

vioară

husle

bas

basa

trombon

tympany

tobă

bubon

keyboard

klávesnica

saxofon

saxofón

fluier

flauta

microfon

mikrofón

grădină zoologică

ZOO

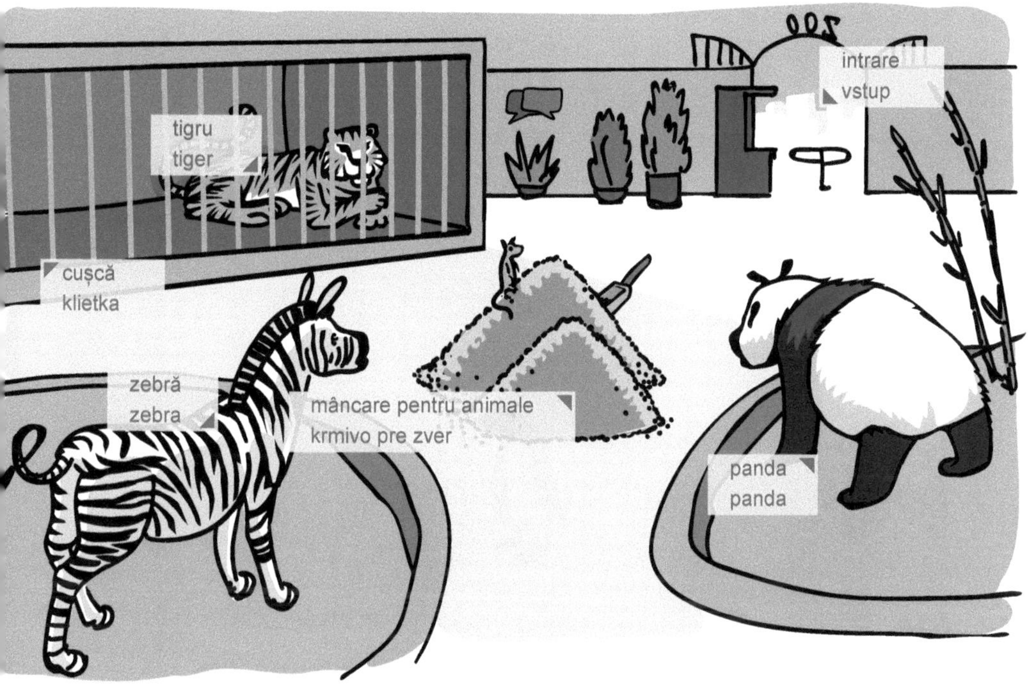

intrare
vstup
tigru
tiger
cușcă
klietka
zebră
zebra
mâncare pentru animale
krmivo pre zver
panda
panda

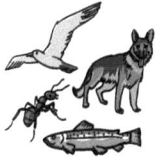

animale
zvieratá

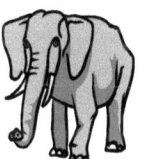

elefant
slon

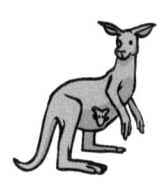

cangur
klokan

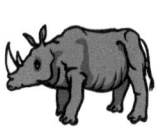

rinocer
nosorožec

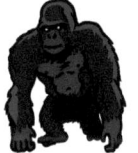

gorilă
gorila

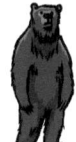

urs
medveď

cămilă

ťava

struț

pštros

leu

lev

maimuță

opica

flamingo

plameniak

papagal

papagáj

urs polar

ľadový medveď

pinguin

tučniak

rechin

žralok

păun

páv

șarpe

had

crocodil

krokodíl

îngrijitor grădina zoologică

ošetrovateľ v ZOO

focă

tuleň

jaguar

jaguár

ponei

poník

leopard

leopard

hipopotam

hroch

girafă

žirafa

acvilă

orol

porc mistreț

diviak

pește

ryba

broască țestoasă

korytnačka

morsă

mrož

vulpe

líška

gazelă

gazela

fotbal american
americký futbal

ciclism
cyklistika

tenis
tenis

basketball
basketbal

înot
plávanie

box
box

hockey pe gheață
hokej

fotbal
futbal

badminton
bedminton

atletism
ľahká atletika

handbal
hádzaná

schi
lyžovanie

polo
pólo

activități
aktivity

a sări
skočiť
a îmbrățișa
objať
a râde
smiať sa
a merge
chodiť
a cânta
spievať
a visa
snívať
a se ruga
modliť sa
a săruta
pobozkať

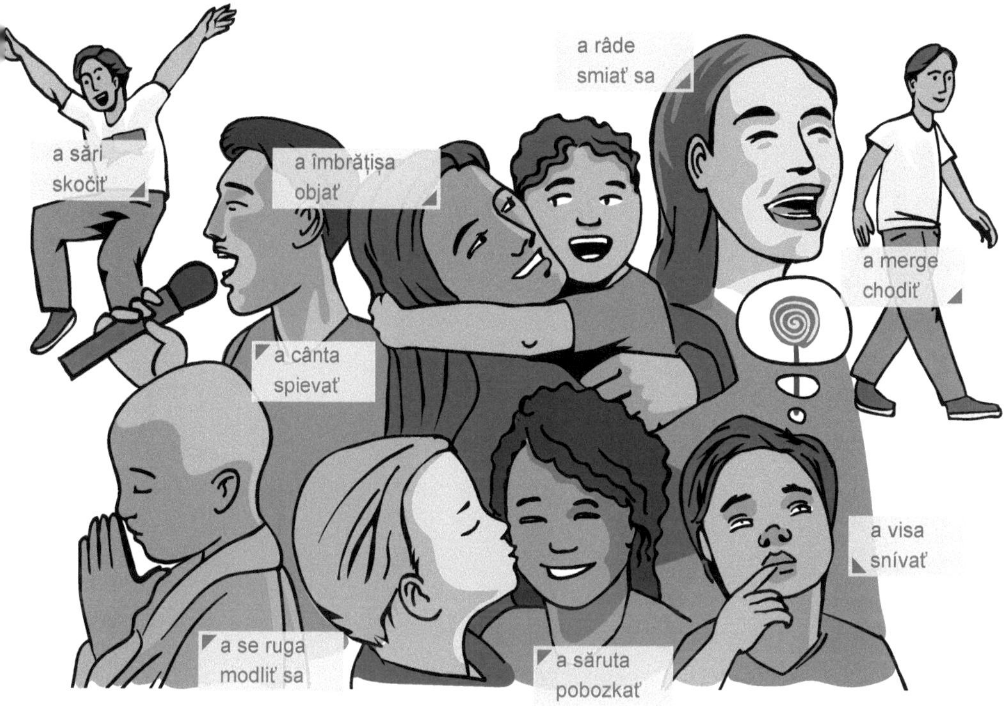

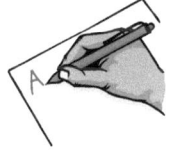

a scrie

písať

a desena

kresliť

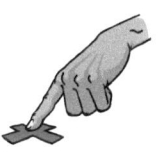

a arăta

ukázať

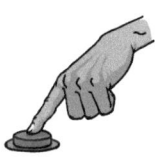

a împinge

tlačiť

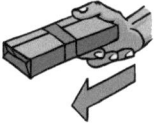

a da

dať

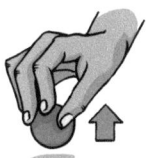

a lua

brať

a avea

mať

a face

robiť

a fi

byť

a sta în picioare

stáť

a fugi

bežať

a trage

ťahať

a arunca

hádzať

a cădea

padnúť

a sta întins

ležať

a aștepta

čakať

a purta

nosiť

a ședea

sedieť

a se îmbrăca

obliecť sa

a dormi

spať

a se trezi

zobudiť sa

a privi

pozerať

a plânge

plakať

a mângâia

hladkať

a se pieptăna

česať

a vorbi

hovoriť

a înțelege

rozumieť

a întreba

pýtať sa

a asculta

počuť

a bea

piť

a mânca

jesť

a face ordine

upratať

a iubi

milovať

a găti

variť

a conduce

jazdiť

a zbura

letieť

a naviga

plachtiť

a calcula

počítať

a citi

čítať

a învăţa

učiť sa

a munci

pracovať

a se căsători

oženiť

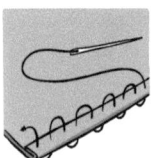

a coase

šiť

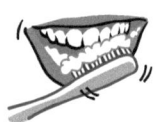

a se spăla pe dinţi

čistiť zuby

a ucide

zabiť

a fuma

fajčiť

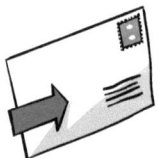

a trimite

poslať

bunică
stará mama

bunic
starý otec

tată
otec

mamă
mama

bebeluş
bábo

soră
dcéra

fiu
syn

oaspete
hosť

mătușă
teta

unchi
strýko

frate
brat

soră
sestra

corp
telo

frunte
čelo
ochi
oko
umăr
plece
deget
prst
față
tvár
bărbie
brada
mână
ruka
picior
noha
piept
hruď
braț
rameno

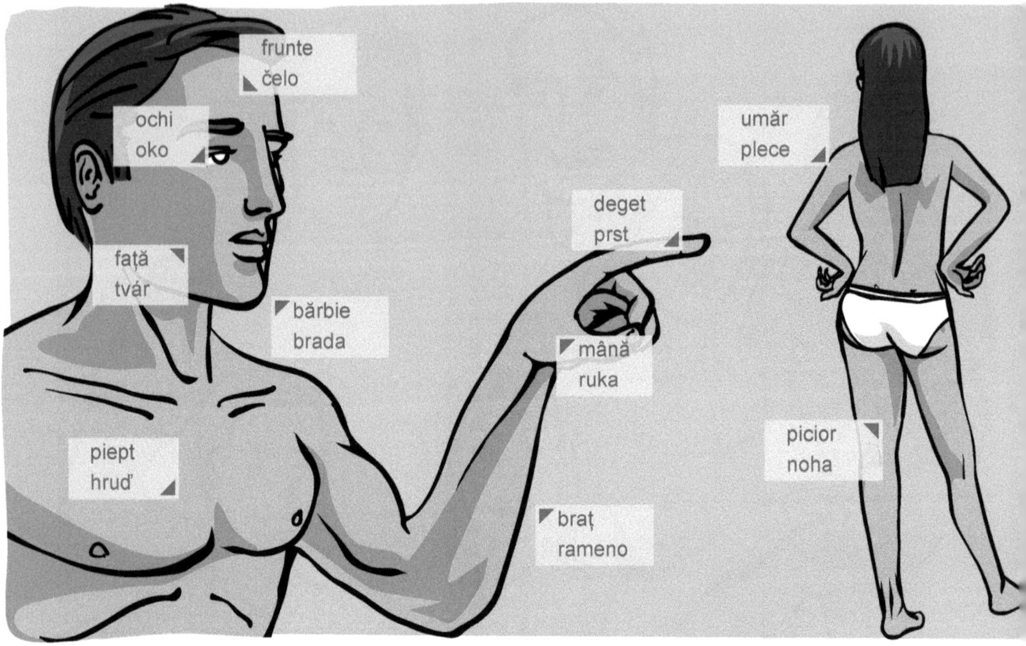

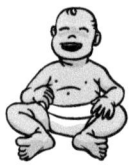

bebeluș

bábo

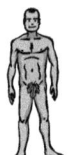

bărbat

muž

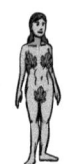

femeie

žena

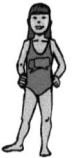

fată

dievča

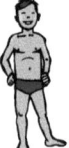

băiat

chlapec

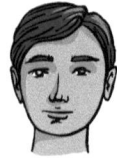

cap

hlava

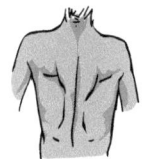

spate

chrbát

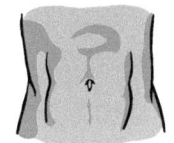

abdomen

brucho

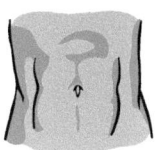

ombilic

pupok

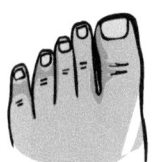

deget de la picior

prst na nohe

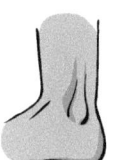

călcâi

päta

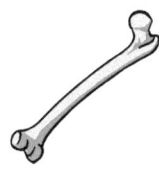

os

kosť

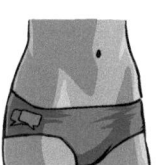

șold

bok

genunchi

koleno

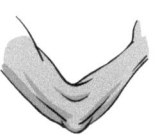

cot

lakeť

nas

nos

fund

zadok

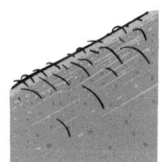

piele

koža

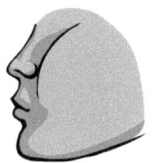

obraz

líce

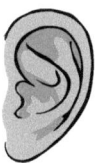

ureche

ucho

buză

pery

gură
ústa

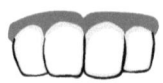

dinte
zub

limbă
jazyk

creier
mozog

inimă
srdce

mușchi
svaly

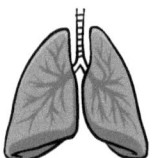

plămân
pľúca

ficat
pečeň

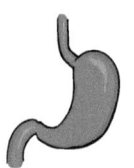

stomac
žalúdok

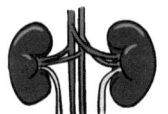

rinichi
obličky

sex
pohlavný styk

prezervativ
kondóm

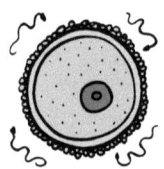

ovul
vaječná bunka

spermă
semeno

sarcină
tehotenstvo

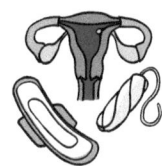

menstruaţie

menštruácia

vagin

vagína

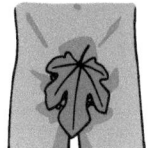

penis

penis

sprânceană

obočie

păr

vlasy

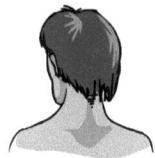

gât

krk

spital
nemocnica

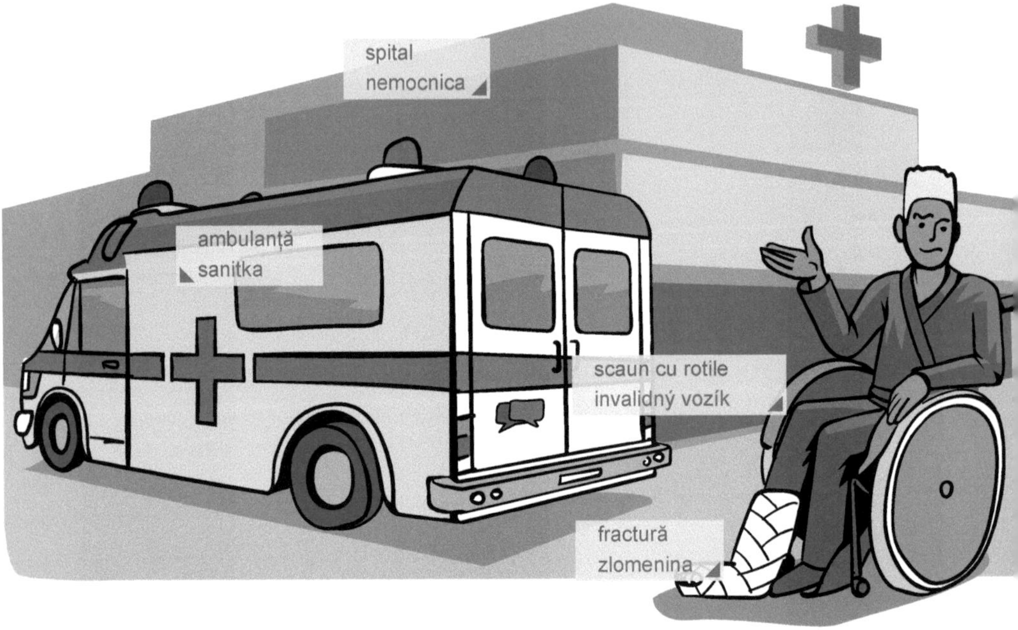

spital
nemocnica
ambulanță
sanitka
scaun cu rotile
invalidný vozík
fractură
zlomenina

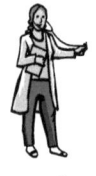

medic

lekár

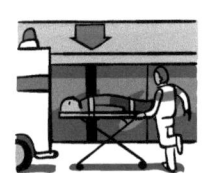

unitate de primiri urgențe

urgentný príjem

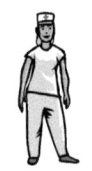

soră medicală

sestrička

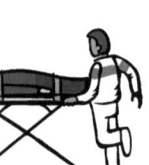

urgență

urgentný prípad

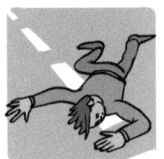

inconștient

v bezvedomí

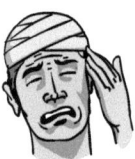

durere

bolesť

leziune

zranenie

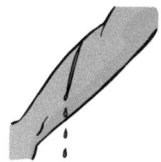

sângerare

krvácanie

infarct miocardic

srdcový infarkt

atac cerebral

mozgová porážka

alergie

alergia

tuse

kašeľ

febră

teplota

gripă

chrípka

diaree

hnačka

durere de cap

bolesť hlavy

cancer

rakovina

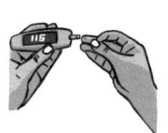

diabet

cukrovka

chirurg

chirurg

scalpel

skalpel

operație

operácia

x

spital - nemocnica   73

CT

CT

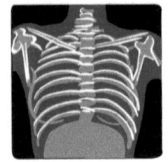

raze Röntgen

RTG

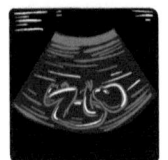

ultrasunet

ultrazvuk

mască

maska

boală

choroba

sală de așteptare

čakáreň

cârjă

barla

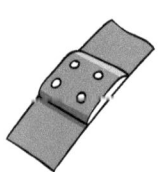

plasture

náplasť

bandaj

obväz

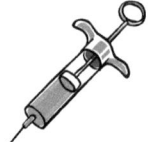

injecție

injekcia

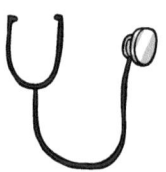

stetoscop

fonendoskop

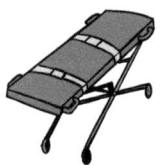

targă

nosidlá

termometru

teplomer

naștere

pôrod

supraponderabilitate

nadváha

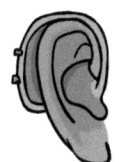

aparat auditiv

audiofón

dezinfectant

dezinfekčný prostriedok

infecție

infekcia

virus

vírus

HIV/SIDA

HIV / AIDS

medicină

medicína

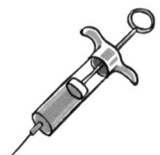

vaccin

očkovanie

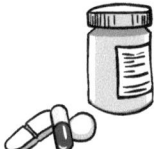

tablete

tabletky

pastilă

antikoncepčná pilulka

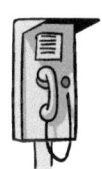

apel de urgență

tiesňové volanie

aparat de măsurare a
presiunii arteriale

tlakomer

bolnav/sănătos

chorý / zdravý

Ajutor!

Pomoc!

alarmă

alarm

agresiune

prepad

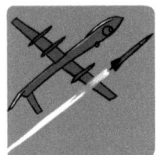

atac

útok

pericol

nebezpečenstvo

ieșire de urgență

núdzový východ

Foc!

Horí!

extinctor

hasičský prístroj

accident

nehoda

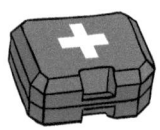

trusă de prim-ajutor

kufrík prvej pomoci

SOS

SOS

poliție

polícia

Europa

Európa

America de Nord

Severná Amerika

America de Sud

Južná Amerika

Africa

Afrika

Asia

Ázia

Australia

Austrália

Altantic

Atlantický oceán

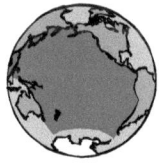

Pacific

Tichý oceán

Oceanul Indian

Indický oceán

Oceanul Antarctic

Južný oceán

Oceanul Arctic

Severný ľadový oceán

Polul Nord

Severný pól

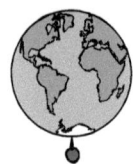

Polul Sud

Južný pól

Antarctica

Antarktída

pământ

Zem

țară

krajina

mare

more

insulă

ostrov

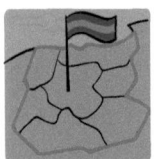

națiune

národ

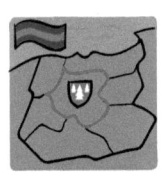

stat

štát

cadran

ciferník

orar

hodinová ručička

minutar

minútová ručička

secundar

sekundová ručička

Cât e ceasul?

Koľko je hodín?

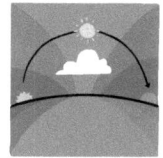

zi

deň

timp

čas

acum

teraz

cead digital

digitálne hodiny

minut

minúta

oră

hodina

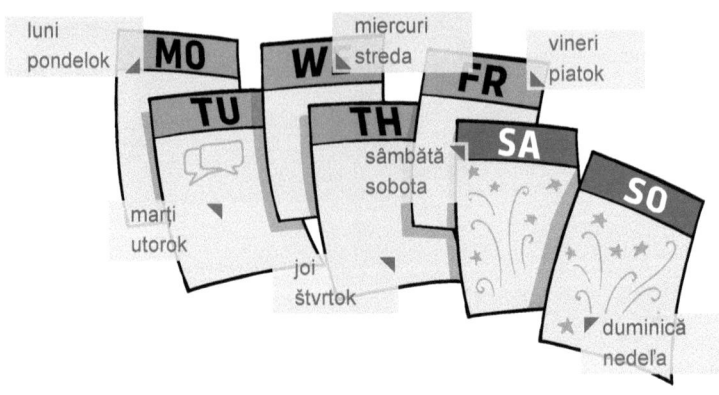

luni
pondelok

miercuri
streda

vineri
piatok

marti
utorok

sâmbătă
sobota

joi
štvrtok

duminică
nedeľa

ieri
....
včera

azi
....
dnes

mâine
....
zajtra

dimineață
....
ráno

amiază
....
poludnie

seară
....
večer

zile lucrătoare
....
pracovné dni

week-end
....
víkend

an
rok

ploaie
dážď
curcubeu
dúha
vânt
vietor
zăpadă
sneh
primăvară
jar
vară
leto
toamnă
jeseň
iarnă
zima

4.APRIL 11°
5.APRIL 4°
6.APRIL 13°
7.APRIL 8°
8.APRIL 10°

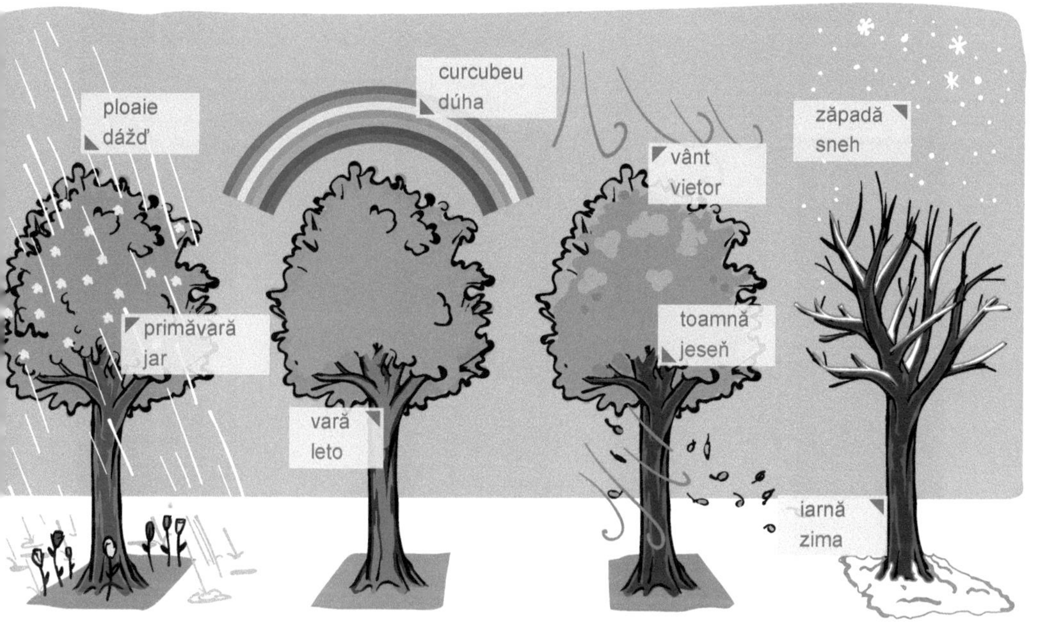

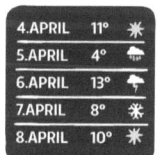

prognoză meteo
....
predpoveď počasia

F
C
120
90
60
30
0
-30
40
30
20
10
0
-10
-20

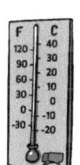

termometru
....
teplomer

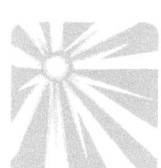

lumina soarelui
....
slnečný svit

nor
....
oblak

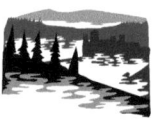

ceață
....
hmla

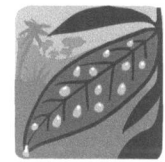

umiditate a aerului
....
vlhkosť vzduchu

fulger

blesk

tunet

hrom

furtună

búrka

grindină

krúpy

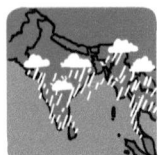

muson

monzún

inundație

záplava

gheață

ľad

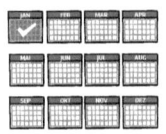

ianuarie

január

februarie

február

martie

marec

aprilie

apríl

mai

máj

iunie

jún

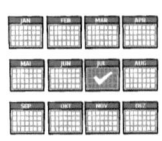

iulie

júl

august

august

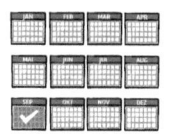

septembrie
....
september

octombrie
....
október

noiembrie
....
november

decembrie
....
december

cerc
....
kruh

pătrat
....
štvorec

dreptunghi
....
obdĺžnik

triunghi
....
trojuholník

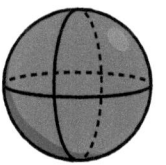

sferă
....
guľa

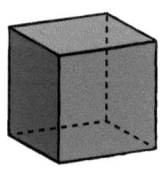

cub
....
kocka

alb
....
biela

galben
....
žltá

portocaliu
....
oranžová

roz
....
ružová

roşu
....
červená

violet
....
fialová

albastru
....
modrá

verde
....
zelená

maro
....
hnedá

gri
....
šedá

negru
....
čierna

mult/puțin
....
veľa / málo

furios/calm
....
zúrivý / pokojný

frumos/urât
....
pekný / škaredý

început/sfârșit
....
začiatok / koniec

mare/mic
....
veľký / malý

luminos/întunecat
....
svetlý / tmavý

frate/soră
....
brat / sestra

curat/murdar
....
čistý / špinavý

complet/incomplet
....
úplný / neúplný

zi/noapte
....
deň / noc

mort/viu
....
mŕtvy / živý

lat/strâmt
....
široký / úzky

comestibil/necomestibil

chutný / nechutný

rău/prietenos

zlostný / láskavý

emoţionat/plictisit

vzrušený / unudený

gras/slab

tlstý / chudý

primul/ultimul

prvý / posledný

prieten/inamic

priateľ / nepriateľ

plin/gol

plný / prázdny

tare/moale

tvrdý / mäkký

greu/uşor

ťažký / ľahký

foame/sete

hlad / smäd

bolnav/sănătos

chorý / zdravý

ilegal/legal

nelegálny / legálny

inteligent/stupid

inteligentný / hlúpy

stânga/drepta

vľavo / vpravo

aproape/departe

blízko / ďaleko

nou/uzat

nový / použitý

nimic/ceva

nič / niečo

bătrân/tânăr

starý / mladý

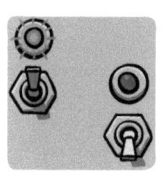

pornit/oprit

zapnuté / vypnuté

deschis/închis

otvorené / zatvorené

încet/tare

tichý / hlasný

bogat/sărac

bohatý / chudobný

corect/fals

správne / nesprávne

aspru/neted

drsný / hladký

trist/fericit

smutný / šťastný

lung/scurt

krátky / dlhý

încet/repede

pomaly / rýchlo

ud/uscat

mokrý / suchý

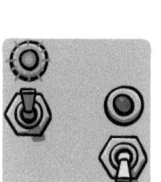

cald/rece

teplý / studený

război/pace

vojna / mier

0

zero
....
nula

1

unu
....
jeden

2

doi
....
dva

3

trei
....
tri

4

patru
....
štyri

5

cinci
....
päť

6

șase
....
šesť

7

șapte
....
sedem

8

opt
....
osem

9

nouă
....
deväť

10

zece
....
desať

11

unsprezece
....
jedenásť

12

douăsprezece

dvanásť

13

treisprezece

trinásť

14

paisprezece

štrnásť

15

cincisprezece

pätnásť

16

șaisprezece

šestnásť

17

șaptesprezece

sedemnásť

18

optsprezece

osemnásť

19

nouăsprezece

devätnásť

20

douăzeci

dvadsať

100

o sută

sto

1.000

o mie

tisíc

1.000.000

un milion

milión

engleză	engleză americană	chineza mandarină
angličtina	americká angličtina	mandarínska čínština

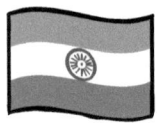 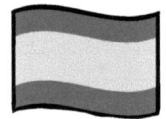 

hindi	spaniolă	franceză
hindčina	španielčina	francúzština

 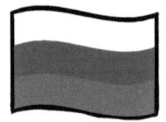 

arabă	rusă	protugheză
arabčina	ruština	portugalčina

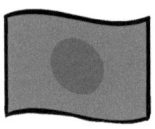 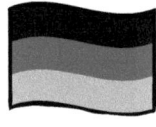 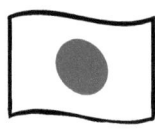

bengaleză	germană	japoneză
bengálčina	nemčina	japončina

eu

ja

tu

ty

el/ea

on/ona/ono

noi

my

voi

vy

ea

oni

cine?

kto?

ce?

čo?

cum?

ako?

unde?

kde?

când?

kedy?

nume

meno

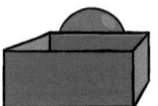

în spate

za

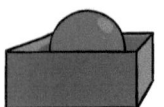

în

v

înainte

pred

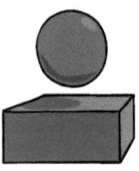

peste

nad

pe

na

sub

pod

lângă

vedľa

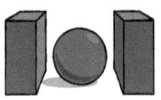

între

medzi

loc

miesto